BEI GRIN MACHT SICH IHR WISSEN BEZAHLT

- Wir veröffentlichen Ihre Hausarbeit, Bachelor- und Masterarbeit

- Ihr eigenes eBook und Buch - weltweit in allen wichtigen Shops

- Verdienen Sie an jedem Verkauf

Jetzt bei www.GRIN.com hochladen und kostenlos publizieren

Lisa Müller

Schöpfung wahrnehmen, Schöpfung bewahren. Religion 6. Klasse Realschule

GRIN Verlag

Bibliografische Information der Deutschen Nationalbibliothek:

Die Deutsche Bibliothek verzeichnet diese Publikation in der Deutschen National-
bibliografie; detaillierte bibliografische Daten sind im Internet über http://dnb.d-
nb.de/ abrufbar.

Impressum:

Copyright © 2013 GRIN Verlag GmbH
Druck und Bindung: Books on Demand GmbH, Norderstedt Germany
ISBN: 978-3-656-57415-6

Dieses Buch bei GRIN:

http://www.grin.com/de/e-book/266703/schoepfung-wahrnehmen-schoepfung-
bewahren-religion-6-klasse-realschule

GRIN - Your knowledge has value

Der GRIN Verlag publiziert seit 1998 wissenschaftliche Arbeiten von Studenten, Hochschullehrern und anderen Akademikern als eBook und gedrucktes Buch. Die Verlagswebsite www.grin.com ist die ideale Plattform zur Veröffentlichung von Hausarbeiten, Abschlussarbeiten, wissenschaftlichen Aufsätzen, Dissertationen und Fachbüchern.

Besuchen Sie uns im Internet:

http://www.grin.com/

http://www.facebook.com/grincom

http://www.twitter.com/grin_com

Lerngruppe: 6b

Fach: Evangelische Religion

Thema der Unterrichtseinheit:

Faszination Schöpfung – ihre Bewahrung liegt in unserer Verantwortung

Ziel der Unterrichtseinheit:

Die Schülerinnen und Schüler begreifen durch die Wahrnehmung der Natur mit allen Sinnen die Faszination der Schöpfung und erkennen, basierend darauf und auf ihrem Wissen über den Schöpfungsbericht, dass nach biblisch-christlichem Verständnis der Mensch eine Mitverantwortung für die Welt trägt und, dass die Schöpfungsaussagen eine Orientierung für eigenes Verhalten sein können.

Thema der Stunde:

„Faszination Schöpfung" wahrnehmen und erleben

Inhaltsbezogener Kompetenzbereich:

Nach der Verantwortung des Menschen in der Welt und der Gesellschaft fragen: Die Schülerinnen und Schüler geben eine biblische Schöpfungserzählung wieder und beschreiben den Auftrag zur Bewahrung der Schöpfung. (vgl. KC, S. 26)

Prozessbezogener Kompetenzbereich:

Wahrnehmungskompetenz (vgl. KC, S. 18) und Gestaltungskompetenz (vgl. KC, S. 19)

Zielsetzung der Stunde:

Die Schülerinnen und Schüler sollen in ihrer Wahrnehmung der Natur und damit auch der Schöpfung sensibilisiert werden, indem sie sie mit ihren Sinnen erkunden und anschließend ihre Eindrücke/ Erlebnisse individuell (auf einem Plakat) gestalten.

Inhaltsbezogene Teilschritte zur Kompetenzerweiterung:

Die Schülerinnen und Schüler...

- ...aktivieren ihr Vorwissen, indem sie die Bedeutung der Themas der Unterrichtseinheit „Faszination Schopfung" erläutern.
- ...erweitern ihr Verständnis von der Faszination Schöpfung, indem sie die Natur/Schöpfung mit ihren eigenen Sinnen wahrnehmen.

Prozessbezogene Teilschritte zur Kompetenzerweiterung:

Die Schülerinnen und Schüler...

- ...nehmen die Natur/Schöpfung ganz bewusst mit ihren Sinnen wahr und sammeln individuelle Eindrücke. (Selbstkompetenz)
- ...arbeiten während der Erkundung in Partnerarbeit. (Sozialkompetenz)
- ...geben ihre Eindrücke und Erlebnisse wieder, indem sie diese auf einem Plakat gestalten. (Methodenkompetenz)

Stellung der Stunde in der Einheit:

Stunde	Thema der Stunde	Ziel der Stunde *Die Schülerinnen und Schüler...*
1. Stunde	Möglichkeiten zur Gestaltung	*...kennen verschiedene Möglichkeiten zur gestaltenden Bearbeitung von Aufgaben und können diese auf Beispielaufgaben anwenden.*
2. Stunde	Faszination Schöpfung – der Begriff „Schöpfung"	*...erläutern die Begriffe „Faszination" und „Schöpfung" und bringen sie in Bezug, indem sie Naturbilder mit dem Thema „Faszination Schöpfung" in Beziehung setzen.*
3. Stunde	**Faszination Schöpfung wahrnehmen und erleben**	***...sollen in ihrer Wahrnehmung der Natur und damit auch der Schöpfung sensibilisiert werden, indem sie sie mit ihren Sinnen erkunden und anschließend ihre Eindrücke/ Erlebnisse individuell (auf einem Plakat) gestalten.***
4. Stunde	Faszination Schöpfung – Das Faszinierendste an der Schöpfung für mich	*...gestalten ihr eigenes „Faszination Schöpfungsbild".*
5. - 6, Stunde	Der Schöpfungsbericht in der Bibel	*...setzen sich mit dem Schöpfungsbericht der Bibel auseinander und kennen den doppelten Schöpfungsauftrag: Die Herrschaft über die Erde, aber auch die Fürsorge für sie und ihre Bewahrung.*

Literaturverzeichnis

Eilerts, Wolfram; Kübler, Heinz-Günter: Kursbuch Religion elementar 5/6. Ein Arbeitsbuch für den Religionsunterricht im 5./6. Schuljahr. Calwer Verlag, Diesterweg, Stuttgart 2012.

Eilerts, Wolfram; Kübler, Heinz-Günter: Kursbuch Religion elementar 5/6. Lehrermaterial 5/6. Calwer Verlag, Diesterweg, Stuttgart 2012.

Lachmann, Adam, Reents: Theologie für Lehrerinnen und Lehrer. Band 2: Elementare Bibeltexte. Exegetisch – systematisch – didaktisch. Vandenhoeck&Ruprecht. Göttingen 2010.

Niedersächsisches Kultusministerium (NK): Kerncurriculum für die Realschule. Schuljahrgänge 5-10 Evangelische Religion.

Niehl, Frank; Thömmes, Arthur: 212 Methoden für den Religionsunterricht. 5. Auflage Kösel, Kempten 2002.

Obermann, Andreas: Warum zerstören wir, was wir lieben? Religionspädagogische und theologische Überlegungen zum Thema Schöpfung. Spenner, Waltrop 2001.

Verlaufsübersicht

Zeit	Phase	Unterrichtsgeschehen	Methodisch-didaktischer Kommentar	Sozialform	Material
09.40 – 09.46 Uhr	Begrüßung/ Ritualisierter Beginn	• Begrüßung und Vorstellung der Gäste • In einem Sitzkreis wird das Ritual vollzogen	Durch das Ritual werden die Schülerinnen und Schüler[1] auf den Religionsunterricht eingestimmt.		Sitzkreis Rituals-gegenstände
09.46 – 09.48 Uhr	Einstieg	• SuS wiederholen die Bedeutung des Themas dieser Unterrichtseinheit „Faszination Schöpfung" • Lehrkraft[2]: „Ihr werdet heute die Faszination der Schöpfung selbst wahrnehmen und erleben. Dafür gehen wir auf den Schulhof."	Auf vorhandenes Wissen zurückgreifen Das Stundenziel wird durch die Erläuterungen transparent für die Schülerinnen und Schüler.	Unterrichts-gespräch	Sitzkreis
09.48 – 10.10 Uhr	Erarbeitung I	• Gemeinsam werden Verhaltensweisen besprochen für das Nutzen des Schulhofes während der Unterrichtszeit (nicht sprechen, nicht rennen, nicht herumturnen, der Aufgabe nachgehen) • L erklärt anhand eines Beispieles die Aufgabe: „Gehe auf den Schulhof und sei ganz still! Was hörst/riechst/... du? Achte auf die Details und Besonderheiten". • SuS werden durch Meldung in 6er-Expertengruppen eingeteilt (Hören, Fühlen, Riechen, Sehen) • Ausgewählte SuS ertasten, riechen einen mitgebrachten Gegenstand aus der Natur und erläutern, was sie fühlen/riechen und wie sie ihre Eindrücke auf Papier gestalten würden. • Hinweis: Augenbinde, Lupe • Hinweis: Partnerarbeit, ein Gegenstand, danach Eindrücke auf Papier gestalten • SuS gehen auf den Schulhof	Das Einteilen in Expertengruppen macht es den SuS möglich sich auf einen ihrer Sinne zu konzentrieren. Die SuS kennen ihre starken Sinnesorgane am besten, daher erfolgt keine direkte Einteilung durch die L.	Unterrichts-gespräch	Gegenstand

4

---
[1] Im Folgenden SuS
[2] Im Folgenden L

Zeit	Phase	Verlauf	Didaktischer Kommentar	Sozialform	Schulhof
		• In Partnerarbeit suchen die SuS sich gegenseitig einen Gegenstand, der genau untersucht wird.		Partnerarbeit	
10.10 – 10.17 Uhr	Erarbeitung II	• Die jeweiligen Expertengruppen erstellen ein Plakat, auf dem sie ihre Wahrnehmungen und Eindrücke zur Schöpfung gestalten „Ihr sollt gemeinsam Kunst erschaffen zum Thema Faszination Schöpfung" • Hierbei steht es ihnen frei, ob sie malen, schreiben oder sich einzig durch Farben ausdrücken • SuS dürfen nicht miteinander reden, Meditationsmusik	Förderung der Gestaltungskompetenz. Da jeder SuS seine Wahrnehmungen individuell erlebt hat, soll er sie auch unabhängig von den Eindrücken anderer auf einem Plakat darstellen. Aus diesem Grund sollen die SuS während der Erarbeitungsphase II nicht miteinander reden. Die Meditationsmusik spielt in jeder Gestaltungsphase während dieser Unterrichtseinheit, um die SuS auf diese Phase einzustimmen.	Einzelarbeit/ Gruppen-arbeit	Plakate Stifte Meditations-CD
10.17 – 10.24 Uhr	Sicherung	• SuS präsentieren ihre Ergebnisse in einem Museumgang • SuS haben Zeit sich die verschiedenen Darstellungen zur Wahrnehmung der Natur/Schöpfung anzusehen • Ausgewählte SuS reflektieren die Ergebnisse: „Was hat dir besonders gut gefallen? Was ist dir besonders aufgefallen? Warum?"	Durch die Methode des Museumsgang werden die Ergebnisse der SuS von allen gewürdigt. Zudem ist sie zeitsparend, da die Darstellungen nicht erläutert werden sollen.	Unterrichts-gespräch	Plakate
10.24 – 10.25 Uhr	Abschluss	• Nächste Stunde: Plakate aufhängen • L sagt die Hausaufgaben an: Deckblatt gestalten zum Thema „Faszination Schöpfung"	Da sie nun die Bedeutung des Begriffs Schöpfung kennen und die Schöpfung mit ihren eigenen Sinnen wahrgenommen haben, sollen sie unter Verwendung ihrer gewonnen Erkenntnisse ein Deckblatt gestalten.	Unterrichts-gespräch	
	Did.Reserve/ Hausaufgabe	• SuS gestalten ein Deckblatt zum Thema der Unterrichtseinheit „Faszination Schöpfung"		Einzelarbeit	